U0748282

Spiritual Culture
青心文化

在阅读中疗愈 · 在疗愈中成长

READING&HEALING&GROWING

扫码获取《非暴力沟通教程·初级》专业音频讲解，
加入阅读陪伴社群，实现高效精读！

非暴力沟通教程

［初级］

인간관계와 의사소통을 위한 비폭력대화 NVC

［韩］凯瑟琳・辛格 | 著
玄爱善 | 译　刘铁 | 审订

Nonviolent Communication

A Language of Life

中国青年出版社

Nonviolent
Communication

NVC 是 Nonviolent Communication 的缩写，是表示非暴力沟通的全世界共同的符号。

---

* 本教材是非暴力沟通（NVC）课程的第一部分。

Nonviolent Communication
A Language of Life

目录

简 介

实 践

附　录

长颈鹿、豺狗寓意说明

长颈鹿是陆生动物中心脏最大的动物。同时，它具有个子高、视野广的特点。由于非暴力沟通注重心与心的连接，因此以长颈鹿作为其象征。虽然长颈鹿是生性温顺的食草动物，但在受到攻击或需要保护小长颈鹿时，会用强有力的蹄子保护自己。

长颈鹿吃刺槐，它用唾液融化刺并咀嚼吞咽。我们用长颈鹿的方式倾听意味着当别人说些尖酸刻薄的言语时，我们以同理心倾听带刺的言语背后的心意。

关于长颈鹿语言的历史请参考以下书籍。

* 杰里米·里夫金著，李京南翻译，《同理心文明》，民音社，2010，Jeremy Rifkin，*The Empathic Civilization.*

豺狗象征着人在成长过程中形成的习惯性用语。它是以评价代替观察，以分析、比较、竞争的思维代替感受，而意识不到需要，执拗于策略和方法，易引起冲突。它惯于强求和命令，而不是请求，易引起不安、恐惧和内疚，结果往往是伤害对方，彼此越来越感到孤单。照片里美丽的豺狗也许并不知道自己为何被比喻成这样，也许会感到疑惑且难过。感谢豺狗在我们学习中扮演的角色，希望能得到它的谅解。

关于豺狗语言的历史会在以下书中详细记载。

* 里安·艾斯勒著，金京识翻译，《圣杯与剑》，2006，Riane Eisler，*The Chalice & the Blade*.
* 沃尔特·温克著，金俊宇翻译，《耶稣的非暴力抵抗，第 3 条路》，韩国基督教研究所，2003，Walter Wink，*Jesus and Nonviolence:A Third Way*.

简介

1. 非暴力沟通（NVC）简介
2. 非暴力沟通的主要概念
3. 非暴力沟通的目的、效果和方法
4. 沟通的两个方面和非暴力沟通模式
5. 共同学习非暴力沟通时如何提出请求

1

非暴力沟通（NVC）简介

非暴力沟通（NVC, Nonviolent Communication）也被称为善意沟通（Compassionate Communication），或生命的语言（Language of Life）等。

“非暴力”一词出自甘地的非暴力主义（Ahimsa），是指我们内心的暴力消退后，回归到我们本性慈悲的自然状态。非暴力沟通是指以这种慈悲的方式与他人建立连接，是能帮助我们更深入地了解自己的具体沟通方法。2003 年，凯瑟琳·辛格（Katherine Singer）将非暴力沟通的理念第一次引入韩国。

马歇尔·卢森堡
（Marshall B. Rosenberg, 1934—2015）

- 非暴力沟通（NVC）创始人，临床心理学博士，社会活动家
- 20 世纪 60 年代，美国实施种族歧视废除法时引发了各种社会矛盾。为解决这些矛盾，政府设立了专门项目，而他通过这些项目创立并推广非暴力沟通（NVC）

- 1984 年，成立国际非暴力沟通中心 CNVC（Center for Nonviolent Communication）
- 在世界各地开展非暴力沟通（NVC）训练，作为仲裁者奔走于发生争端的国家

卢森堡相信，“人天生热爱生命，乐于互助”，并开始思索两个问题：

第一，是什么使我们难以体会到心中的爱，以致互相伤害？

第二，是什么让有些人即便身处困境，也能心存慈悲？

经过思考，卢森堡领悟到，恰当的语言和表达方式是关键。由此产生了具体而明确的沟通方式。可以说，非暴力沟通（NVC）并不是新生事物，而是唤醒我们自己本原的方法。

卢森堡深受卡尔·罗杰斯、马丁·布伯、庄子、甘地、马丁·路德等人的影响。

马歇尔的故事

在美国旧金山市的一个长途汽车站等车时，我看到墙上有块警示牌写着："青少年：请不要和陌生人说话。"显然，这是为离家出走的孩子提示大城市的危险。例如，拉皮条的会在终点站悄悄接近独自一人又惊恐不安的孩子，他们带着伪善的面具，会给孩子提供食品、住所，也许还有毒品……不久以后，他们就会让这些落入圈套的孩子开始卖淫。

看到这个警示公告，让我联想到那些吸食人血的坏蛋，我变得情绪低落。但一走进候车室，顿时我的精神振作起来。在那里，我看见一位年长的农场工人，在膝盖上放着一个橙子，身边还有个棕色的快餐袋，看样子刚吃完午饭。他对面不远处，有个依偎在妈妈身边的小男孩，两眼直盯着那个橙子。注意到孩子的目光后，他立即站起来朝孩子走去。走近后，他看着孩子的母亲，示意能否将橙子给孩子，这位母亲微笑着应允了。接着，他双手捧着橙子，吻了一下，把它送给了孩子。

在他身边坐下后，我告诉他我很受触动。他笑了，仿佛很高兴自己的行为被人赏识。“我最为感动的是，你先吻了一下橙子，才递给孩子。”我补充说。他沉默了片刻，表情变得严肃起来，然后回答说：“我活了65年，如果说这辈子我学到了什么，那就是永远要给别人油然而生的东西，也就是——要发自内心地赠予他人。”

以下是构成非暴力沟通基础的几个主要概念。非暴力沟通的过程包括在日常生活中得以实践这些概念的具体模式。

人天生乐于给予

每个人都应该充分意识到自身和对方的需要。既不是受到外界的压力也不是出于履行义务，而是主动选择，乐于为他人做出贡献时，我们就能感到真正的快乐。

每个人都有相同的需要（Need），并因这种需要产生能量而相互连接

需要具有普遍性（Universal），每个人在需要的层面上不存在冲突。如果觉得仅有一种策略或方法可以满足自身需要，那么将会产生冲突。当我们说彼此之间存在文化差异时，其实是说明我们满足需要的方式不同而已，并非需要本身不同。

世上有充足的资源可以满足每个人的基本需要

如今许多人经受匮乏、贫困，是因为社会结构并非是

建立在以尊重或满足每个人的需要为前提的基础上。长期处于贫困的状态不仅是由于社会结构的限制，也因缺乏建立和健全以慈悲心为基础的纽带关系的意识以及形成这种意识的训练。

我们的所有行为，都是为了满足某种需要

我们所做的每个行动都旨在满足某种需要，无论是有意识的还是无意识的。如果当时我们意识不到我们真正想要的是什么，就很难找到一个有效的策略来满足这些需要，反而会选择做出无法满足自己或他人需要的暴力行为。

感受是人的需要是否得到满足的信号

他人的行为可能激起我们的感受，但那一瞬间引发我们感受的真正原因其实是内心的需要。当需要得到满足，且需要的意识与那种能量连接时，我们就会产生平和、满足与幸福的感受。相反，当需要尚未得到满足，就会感到悲伤、恐惧、愤怒等。每一瞬间的感受都取决于我们面对当下的状况会有何种看法、做出何种选择。人的感受也会受到儿

时的创伤（精神创伤），或作为社会人在成长过程中形成的观念的影响。

每个人都有爱和慈悲心（Compassion）

我们与生俱来拥有爱的能力。但由于大多数人都不善于运用这种能力，导致爱与被爱的方式并不成熟。当我们被爱，并且能做到自主选择且得到尊重时，不仅会爱自己，爱他人和尊重他人的心也会油然而生。学会摆脱恐惧感，并培养这种爱的能力，是为满足人的需要，可以说是一种社会贡献。

我们每时每刻都可以做出选择

在任何情况下，我们都有选择的自由。无论是来自外界的刺激，还是内在激起的想法，当我们意识到那一瞬间产生相应的反应的源头，即“需要”，同时做出能够满足自己需要的行为选择，就可以做到自律。这总是从内心的选择开始。

当人与人之间能够实现在需要的层面相连时，就会体验到相互依存（Interdependence）、成为一体（Oneness），这种相互依存的状态其实就是与所有存在相连。

3

非暴力沟通的目的、效果和方法

目的

• 非暴力沟通旨在建立优质的连接。通过这种连接，使人与人互相理解和尊重彼此的需要，同时探寻能够圆满解决所有人需要的方法。即便是在生气或者“不想连接”的心态下，只要忆起建立这种连接是我们当初的追求，那么就能时刻保持非暴力沟通的状态。

• 相反，如果我们的意图不是实现人与人、心与心的连接，而只是用于达到某种目的，即使按照非暴力沟通模式说话，但也并不代表真正具有非暴力沟通意识。如果不强调这些非暴力沟通的意图，非暴力沟通的练习就只会变成一种技巧。

效果

• 可以预防、减少和解决个人、家庭成员和集体之间的冲突。

• 帮助我们从过去心灵的伤痛或内疚中解脱出来，过上幸福生活。

• 使我们感受到由衷地为他人的人生做出贡献的快乐。

- 使我们学会“非暴力式”的思考、表达、倾听和行动，从而有能力去选择新的生活方式。

- 使我们在公司或共同体内能够互相信赖、相互合作。通过形成有效沟通，从而减少人们的压力。

- 非暴力沟通不仅是一种沟通方法，而且是一种转变人想法和意识的模式，这种模式虽然简单，但行之有效。

- 使我们彼此都能够准确地请求对方，从而增加满足所有人需要的可能性。

方法

表达时：

- 不指责或批评对方，而应在观察、感受、需要和请求的基础上诚实地表达自己的内心变化。

- 确认传达给对方的内容是否是自己真正的意图。在尊重彼此需要的基础上持续沟通，直到找到一种方式让彼此的需要都能得到最好的满足。

倾听时：

• 保留自己的想法、成见、期待、假设、建议或想要指教他人的冲动，用同理倾听对方当下内心的观察、感受、需要和请求。

• 即使当对方用批判的语言评价你时，也应意识到这只是对方以悲剧性的方式表达他那尚未被满足的需要，并非针对我（It's not about me!）。

• 帮助对方发觉他真实的感受和需要，使他能够更深入地了解自己并表达自己。

• 我们应耐心倾听，直到对方感到自己得到了充分的理解，达成共识后再寻找解决的方法。

4

沟通的两个方面和非暴力沟通模式

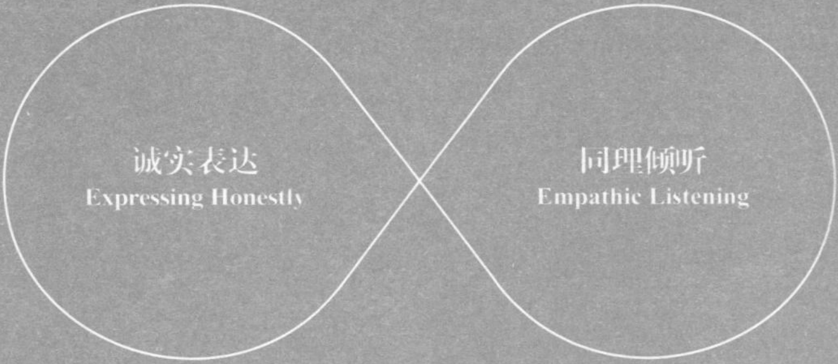

诚实表达
Expressing Honestly

同理倾听
Empathic Listening

诚实表达		同理倾听
当我看到……时	观察 Observation	当你看到……时
我感受到……	感受 Feeling	你感受到……
因为我看重……	需要 Need	因为你看重……
能帮我……吗?	请求 Request	你想要……吗?

诚实表达
Expressing Honestly

观察 Observation
感受 Feeling
需要 Need
请求 Request

同理倾听
Empathic Listening

观察 Observation
感受 Feeling
需要 Need
请求 Request

5

共同学习非暴力沟通时如何提出请求

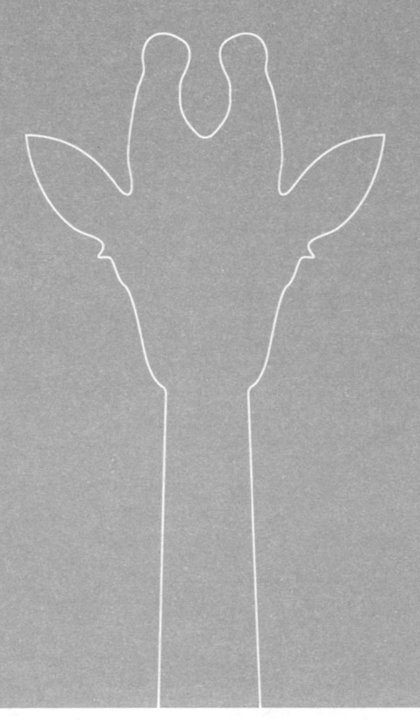

请尊重和估计他人隐私——保守秘密

未准备好或不愿意做时，可以说通过（pass）

请阐述核心内容

有需要时，请提出请求

请不要发表未经他人请求的建议或忠告

实践

6. 诚实地表达（Expressing Honestly）

7. 妨碍真诚沟通的因素

8. 观察（Observation）

9. 感受（Feeling）

10. 需要（Need）

11. 情绪发展的三个阶段

12. 请求（Request）

13. 同理（Empathy）

14. 格劳克（GROK）

15. 妨碍同理的 10 个障碍

16. 听到难听的话时的四种选择（4 Ears）

17. 感激（Gratitude）

6

诚实地表达（Expressing Honestly）

观察
Observation

如实地看到或听到（与“评价”区分）

“当我看到______，听到______时。”

感受
Feeling

我们的身体和内心产生的反应（与“想法”区分）

“我感到______。”

需要
Need

感受的根源（与“策略 / 方法”区分）

“因为我需要 / 看重 / 想要______。”

请求
Request

使用具体、正向的祈使句（与“要求”区分）

——请求连接

“当你听到这话时，有什么感受（怎么想）？”

——请求行动

“你能帮我做______吗？”

事例：姐姐对妹妹

观察：当看到你这两天一个人喝酒到凌晨两点的时候。

感受：我很担心，也很好奇。

需要：当你有困难的时候，能一起聊天或能帮到你就更好了。

请求：（请求连接）你怎么想？（请求行动）今天晚上能抽出时间一起聊天吗？

在初学阶段，我们以非暴力沟通模式沟通，会感觉有些别扭。在转变平时的习惯（评论、批判性思维、策略/方法、要求）为观察、感受、需要、请求的意识前，有必要按照此模式训练。学成后，可视自己和对方的情况熟练运用非暴力沟通模式进行沟通。

如果可以将这四个要素内化为我们意识里的一股沟通能量，在上述例子中，姐姐只需要再加一句“最近有什么烦恼吗？”就能传达出理解和帮助的心意。

非暴力沟通模型练习

观察

感受

需要

请求

请求连接

请求行动（具体的、正向的）

7

妨碍真诚沟通的因素

疏离生命的沟通，起源于等级制和支配的社会结构，并且扮演继续维持这类社会结构的角色。

——马歇尔·卢森堡

1. 道德判断（Moralistic Judgment）

不利于沟通的语言里隐含着一种暗示，即如果对方不认同我的想法或价值观，那么是他不好或他的认知是错误的。这类语言会让人产生敌意，包括指责、分析、污辱、诊断、贴标签、贬低对方等。即便是正向的评价和标签，也会成为与他人建立真正纽带关系的绊脚石。

例

- 我是个懒人。
- 那个人没有责任感。
- 我们经理太霸道了。
- 那个人是成功的企业家。

2. 要求（Demand）

非暴力沟通所说的“要求”，指不考虑他人的选择和需要，而只希望对方接受我们要求的语言。这类语言暗示着如果不答应我们的要求，便会被声讨或惩罚，它直接或间接隐含着威胁成分。被要求时，听者的选择大多是服从或反抗，这让人感到压抑或愤怒。提出请求时，如果想要对方理所当然地答应我们的请求，那么不管怎么表达，这都是在要求。

例

- 按我说的做！
- 要吃光！

3. 奖惩合理化（Justification of Reward and Punishment）

认为人的某种行为造成结果后，都应受到奖赏或惩罚。这种惯性思维（理由和标准）源于自身认知判断后而说出的话。

例

- 他应该受到惩罚。

4. 推卸责任（Denial of Responsibility）

不对自己的想法、感受及行为负责任的语言。如下面表达自己行为的原因时，就是在推卸责任。

- 因他人的行为。因为他撒谎，所以才打了他。
- 因含糊不清或常见的原因。生活就是这样嘛。

- 因被贴上标签。因为我是抑郁症患者，所以抑郁。
- 因权威者的指示。因为上司是这样要求的。
- 因外界的压力。我吸烟是因为其他孩子都吸烟了。
- 因制度的规定等。因为学校规定，所以勒令该生退学了。
- 因年龄、性别或社会角色。我结婚是因为到了该结婚的年龄了。
- 因不能自已或冲动。我不知不觉就一个人把蛋糕全吃光了。

5. 比较 / 竞争（Comparison/ Competition）

比较也是批评的一种形式。当被比较时（无论是积极的还是消极的），就会形成竞争关系，会让当事人感觉不舒服、忐忑不安，情绪会不稳定。每个人都将成为竞争的对象或对手，因此就很难再顾及和怜悯自己或他人的感受。与他人相比，甚至使我们自己感到沮丧和悲惨。当我们不进行比较时，就可以感受到自由和活力，可以做到如实地观察，并变得富有创造力。

例

你为什么不如……好？

……这次晋升为部门经理了……

我妈妈朋友的儿子……。

别人家……。

以上的指责语言，不仅让听者和说话人心生嫌隙 / 距离感，而且让说话人与自己失去连接。

练习 01

请为以下句子选择其对应的妨碍沟通的语言

- 判断，分析，理所当然
- 必须，比较
- 竞争，推卸责任，要求

1. 这人爱管别人闲事。

2. 你为什么不如你妹妹？

3. 为了把东西卖出去，只能那么做。

4. 现在马上去做作业。

5. 当然要考上大学啊。

6. 那是你 / 我的命。

7. 听说小哲的父亲这次晋升为科长了……

8. 听话。

9. 那个学校的毕业生都那样。

10. 你该打。

11. 这是公司定下的规矩，我也没办法。

12. 妈妈，帮我打他。

13. 生活就是这样嘛。

14. 我公司生产的炸弹比其他公司的更有效。

15. 不要打扰我。

16. 这样的人就应该蹲监狱。

17. 那是愚蠢的想法。

18. 朋友中你是最聪明的。

19. 别干涉。

20. 钱必须得挣。

练习 02

请按下列要求填写日常用语

1. 评判

自我评判

(1)

(2)

(3)

评判他人

(1)

(2)

(3)

2. 要求

自我要求

(1) ......

(2) ......

(3) ......

要求他人

(1) ......

(2) ......

(3) ......

3. 奖罚合理化

对自己

(1) ......

(2) ......

(3) ......

对他人

(1)

(2)

(3)

4. 推卸责任

对自己

(1)

(2)

(3)

对他人

(1)

(2)

(3)

5. 比较 / 竞争

对自己

(1) ……………………………………

(2) ……………………………………

(3) ……………………………………

对他人

(1) ……………………………………

(2) ……………………………………

(3) ……………………………………

8

观察（Observation）

不带评论的观察，是人类智慧的最高形式。

——克里希那穆提

• 观察是非暴力沟通模式的第一要素，它是指客观、具体地描述当下所发生或刺激我们感受的某件事情。

• 保留各自的判断、推理、意见、想法、猜测、成见等，只表达我们看到和听到的事实。

• 与人沟通时如果我们不能将观察和评论区分开来，就会导致对方倾向于只听到批评，拒绝沟通。因为对方会申辩自己的行为，并准备把劲头用来保护自己或攻击我们，以致对话无法继续。

• 无论对于听的或说的人，评论都有负面影响。

• 观察是不会指责对方或找出对方过错的，如果听者仍因为我们的表达而产生了强烈情绪，就会充分反映在下一个要素，也就是“感受”上。

• 所有的标签都是一种评论，所以不管给他人贴上正面还是负面的标签，都会妨碍我们了解对方本身。

• 观察并非是抽象的评论，而是描述具体的情况、语言、行为等。想象一下，如果用摄像机记录当时的情况，会是怎样的画面。这将会对你理解“观察”有所帮助。

- 从我们内心产生的想法，也可以成为被观察的对象。
- 复述或引用对方的话，也是观察。

例

当你无视我的时候（评论）

当你对我说“你只能做到这程度啊！”的时候（观察）

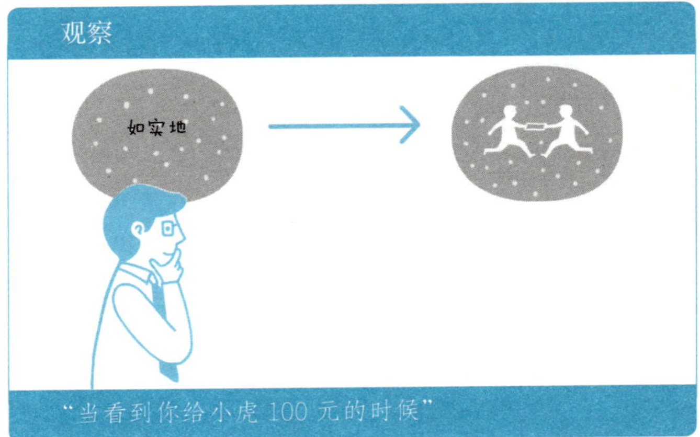

“当看到你给小虎 100 元的时候”

练习 03

下列句子是观察还是评论，

如果是评论，请转换为观察

1. 小英在看电视的时候咬手指甲。

○ 观察　　○ 评论

2. 小东有点儿咄咄逼人。

○ 观察　　○ 评论

3. 你是糟糕的学生。

○ 观察　　○ 评论

4. 我正说“你好”，他却把脸望向窗外了。

○ 观察　　○ 评论

5. 人们都觉得无聊。

○ 观察　　○ 评论

6. 那位老师没有一名人民教师的样子。

○ 观察　　○ 评论

7. 我的孩子会撒谎。

○ 观察　　○ 评论

8. 那名学生上周读了两本书。

○ 观察　　○ 评论

9. 昨天，原定15人、时长1小时的会议上，那人自己讲了20分钟。

○ 观察　　○ 评论

10. 这个人很无礼。

○ 观察　○ 评论

11. 我丈夫从不表达爱意。

○ 观察　○ 评论

12. 你是个好朋友。

○ 观察　○ 评论

13. 我们老板好像讨厌我。

○ 观察　○ 评论

14. 我们的经理有些优柔寡断。

○ 观察　○ 评论

15. 我们的儿子很懒。

○ 观察　○ 评论

16. 我的父亲是独裁者。

○ 观察　○ 评论

17. 这位歌手很受欢迎。

○ 观察　○ 评论

18. 我的孩子和小哲一起玩，后来流着鼻血回的家。

○ 观察　　○ 评论

19. 那个人脾气暴躁。

○ 观察　　○ 评论

20. 我是一个糟糕透顶的人。

○ 观察　　○ 评论

全然地爱一个人有多难，
纯粹地看这世界有多难，
现在我才知道一点点。

和平是放下对方如我所愿的执念，
幸福是那受伤的心灵得到了安慰，
快乐是两个放空的心灵相遇。

——黄大权《致野草》

非暴力沟通模型练习

观察

......

......

感受

......

......

需要

......

......

请求

请求连接......

......

请求行动（具体的、正向的）......

......

9

感受（Feeling）

成熟的人能捕捉到感受的细微差别，不论是强烈热忱的、还是微妙细腻的，就好像聆听交响乐的不同乐章。

——罗洛·梅　精神分析学家

感受是接收到外部或内部的刺激后，我们身体和内心所做出的反应。感受就像报警器一样，提醒需要是否得到满足，它的角色是信息传递员。

感受的不同取决于需要是否得到满足

当得到理解、接纳、支持等需要时，会有快乐、幸福、舒适、甜蜜和满足的感受。但是，当这些需要没有得到满足时，就会有焦虑、抑郁、空虚、难过和痛苦的感受。通过意识到感受背后的需要，并与这种需要的能量相连接，才能从痛苦的感受里解脱出来。但是，通常有不舒服的感受时，我们的思维模式习惯于把产生那种感受的责任推卸给他人。

当能够明确意识到自己的感受，并互相坦率地表达时，我们就能更轻松地形成和维持与他人平和而温柔的情感联系。在处理与配偶、家族成员、父母、子女等之间的亲密关系时，了解彼此的感受，相互体贴关心尤其重要。即使在相同的环境下，听到相同的话，每个人的感受也不尽相同，只有自己才最清楚自己的感受。

非暴力沟通能区分表达感受的语言，以及看似表达感受但实则在表达想法的语言

表达感受时如果夹杂了想法（通常来自头脑的分析、比较、指责、解释、编故事等），就容易把自己感受的责任归咎于对方。当我们的表达夹杂了想法或评论时，关键是找到并表达出其真实的感受。

下列表格中的句子看似表达的是感受，但实则表达的是想法。

我感到被无视了！	认为有人无视我，是我的想法。可以表达为“难过”。
我觉得受到了威胁！	把他人的行为视为威胁其实是想法。可以表达为“我很害怕”。
她是孤立的人！	认为她和大家不热络是我的想法。可以表达为“担心”。

* 试图表达真实感受和与此感受相连的需要的词汇及举例说明的材料在182 ~ 187 页。

这些话语隐含着想法、评论、判断、批评。

我觉得……

例

我觉得自己像个坏妈妈。——评论自己

我很担心，我很失望等。——感受

我觉得……

例

我觉得自己像是受气包。——对自己的想法

我感到委屈、难过、沮丧、气愤。——感受

我觉得 ×× （姓名或人称代词）……

例

我觉得她很冷漠。——对这个人的评论

我感到不舒服、尴尬、被疏远。——感受

练习 04

下列句子是否表达了感受，如果不是，想要表达的感受是什么？

1. 我觉得你不爱我。

○ 观察　○ 评论

2. 我真想打你一拳。

○ 观察　○ 评论

3. 拖了这么久的事情终于完成了，好轻松。

○ 观察　○ 评论

4. 没有人回应我的提议，我就会感到被无视了。

○ 观察　○ 评论

5. 我好像对他们不够友好。

○ 观察　○ 评论

6. 当看到他当选为我们协会的新会长时，我很高兴，因为我愿意看到新的变化。

○ 观察　○ 评论

7. 你让我疲惫不堪。

○ 观察　　○ 评论

8. 我无法理解，你怎么能这样对我。

○ 观察　　○ 评论

9. 我觉得大家似乎不太喜欢我。

○ 观察　　○ 评论

10. 读了这本书，一解我积郁已久的苦闷，这让我感到幸福。

○ 观察　　○ 评论

非暴力沟通模型练习

观察

感受

需要

请求

请求连接

请求行动（具体的、正向的）

10

需要（Need）

需要是生命的能量
通过我们表达。
——马歇尔·卢森堡

人的每一个行为，都试图满足某种需要。

- 需要不受理念、语言、地域、年龄、文化的影响，它是普遍存在的。

- 需要是我们内心的一股正能量，它源于生命本身。需要对人的生活十分重要且有价值，它能为生命注入充满鲜活气息的能量，是使人内心平和、富有创造性、过上幸福生活的必要条件。

- 人皆有需要，所以，在需要层面上，我们能体会到人与人是彼此相连的，但满足需要的策略和方法会因人、时间以及地域的不同而有所不同。尽管借助想象力，我们可以找到满足自身需要的各种方式，以此来丰盛生命，但当我们固执己见时就容易产生冲突，导致生活失去色彩。

需要：乐趣、玩耍

策略/方法：散步、看电影、锻炼、旅游、整理庭院、玩游戏等，有无限可能性。

- 需要并非通过特定的人做特定的行为，才能得到满足。

事例：孩子想成为一名画家，但是父母希望孩子成为一名医生时

- 父母的需要：稳定的生活，贡献，成就幸福。
- 孩子的需要：选择自己梦想和前程的自由，以及父母对此的尊重、支持，通过创作展示自己、自我实现，成就感，贡献，幸福生活。

- 感受能告知我们需要是否得到了满足。如果能够懂得感受来源于自身需要，我们就能够对自己的感受负责。下面的事例说明，在相同情况下，不同的需要会产生不同的感受。

事例：你原定周末和朋友去旅游，但出发前一天晚上朋友打电话，说因为发生了紧急情况，他将无法出行。

- 如果当时你身体不适且疲惫，你可能会很乐意并感谢那个电话。（因为需要休息）
- 如果你一直很期待与朋友的这场旅行，也希望朋

友能遵守约定，那将会令你失望和不悦。(因为需要快乐、信任、一致性、可预测性、尊重等)

- 同理倾听时无论对方用何种语言表达自己，都与话语背后的需要能量连接是形成共识的捷径。
- 意识到需要本身的美好，即使需要未必以某种特定方式实现，内心也会感到舒心。
- 口语化地表达需要请参考 198～202 页。

对他人的批评，是自我需要未得到满足时的悲剧性表达。
——马歇尔·卢森堡

寻找需要的练习

1. 当我批评某人“他______”时，
   我未被满足的需要是______。
2. 当我说“我讨厌的人是______”时，
   我的重要需要是______。

事例

当我批评我们的经理“他是虚伪的”时，

我未被满足的需要是真实性、一致性、信任、被尊重和体贴。

我听到经理说过三次：“我认为我们部门员工及其家属的健康和幸福很重要”，但我上个月有两次在周六早上接到他打来的电话，让我周末去工作。（观察）我很失望、不爽，并担心今后还会如此。（感受）因为我希望能够相信他人所说的话，也很珍惜与家人共度的时光，同时希望这些诉求能得到他人的尊重和体贴。

当经理说出那句话时，经理的感受和需要是

什么？

经理的感受：

经理的需要：

练习 05

当我有如下想法时，我的感受和需要是什么？

（在聚会上）

1. 他仍旧坚持自己的观点，我对此非常不满。

感受：

需要：

2. 我不希望自己说话时声音会颤抖。

感受：

需要：

3. 这个没什么意思。

感受：

需要：

4. 开这类会议时，必须定一个规矩，以后禁止说带有性别歧视色彩的话。

感受：

需要：

5. 估计班级里的同学都能比我做得好。

感受：

需要：

6. 这伙人全都冷酷无情。

感受：

需要：

7. 这个人太善良了，反而让人有负担，感到不舒服。

感受：

需要：

8. 他曾有三次连个电话也不打就不参加聚会，是个不负责任的人。

感受：

需要：

9. 如果他再说一次，我就走了。

感受：

需要：

10. 这些人为什么无视我？

感受：

需要：

练习 06

在以下情况下，你的感受和需要是什么？

1. 原本很期待和刚处的对象一起去海滩玩，但那天他和另一个人一起来的，说是他最好的朋友。

感受：

需要：

2. 当你从配偶那里听到“你太棒了”时

感受：

需要：

3. 昨天孩子说了会打扫他自己的房间，但我却发现他并没有收拾时

感受：

需要：

4. 当看到我 10 岁的孩子洗衣服时

感受：

需要：

5. 当老公说邀请我母亲到家里一起生活一个月时

感受：

需要：

6. 当听到配偶说“我觉得我们俩的关系越来越像白开水了”时

感受：

需要：

7. 当我独自旅行时

感受：

需要：

8. 公司活动顺利完成时

感受：

需要：

9. 当不确定我新工作岗位的职责时

感受：

需要：

10. 昨天喝醉了很晚才回家，但今早妻子二话不说就给我做早餐时

感受：

需要：

非暴力沟通模型练习

观察

感受

需要

请求

请求连接

请求行动（具体的、正向的）

11

情绪发展的三个阶段

第一阶段
情绪的奴隶阶段（Emotional Slavery）

- 相信自己要对他人的感受负责
- 如果对方不高兴，我们会感到不安，觉得自己有责任去做些什么
- 为了获得认可和爱，会隐藏内心，不照顾自己的需要，因此而忽略自己。他们只看重对方的需要，有受害意识
- 会把最重要和亲近的人看作是负担（好人综合征，孩子是冤家）

第二阶段
面目可憎阶段（Obnoxious Stage）

- 当我们意识到此前自己一直在迎合他人而忽视自己的需要，可能会生自己的气
- 认识到自己的需要很重要
- 懂得自己不用对他人的感受负责，但还不会照顾

他人的感受和需要

- 可能会说出“那是你的问题！我觉得我没有责任对你的感受负责！”之类的话，与周围的人发生冲突
- 这是跨越到第三阶段的关键步骤

第三阶段
情绪的主人阶段（Emotional Liberation）

- 开始意识到人与人是相互依存的(Interdependence)，能清楚地认识到，我们无法以牺牲他人为代价来满足自己的需要
- 不光尊重自己的需要，也同样尊重他人和集体的需要
- 在同样重视他人需要的前提下，能清楚地表达自己的需要
- 我们帮助他人是出于慈悲之心，而不是出于恐惧、内疚或羞耻心

12

请求（Request）

在非暴力沟通的概念中，请求是指人在意识到自己的需要后，为了满足生命的诉求，而提出的具体行动请求。

非暴力沟通的第四个要素请求，主要分为请求连接、请求行动、在集体中提出请求三类。

1. 请求连接（Connection Request）

这是一种邀请对方进行对话的方式，以便沟通可以顺利进行，用来传递尊重对方和愿意倾听对方想法的讯息。

（1）想了解对方对我说的话的反应时

例

- 听了我的话，你有什么想法？
- 当听了我刚才的话，你有何感受？
- 能不能告诉我，对我刚才所说的话，你愿意一起交流一下吗？
- 我想跟你一起谈谈我刚才说的话，你有时间吗？

(2) 确认自己的表达是否准确地传达给了对方

例

“我想知道我有没有说明白，你能不能告诉我你是怎么听到的？”

2. 请求行动（Action Request）

请求具体的、正向的行动时使用祈使句或问句来表述。目的是传达出这是请求而不是要求。

(1) 使用明确、具体的语言（而不是抽象或模糊的语言）

例

在集体中

“让我们把同事关系处好吧。”——模糊的请求

“早晨上班时，咱们互相打招呼吧。”——具体的行动请求

（2）使用正向的语言（避免负面语言）

例

幼儿园里一个孩子打了另一个孩子。

“不要打人！”——消极的请求

“老师希望我们班同学在一起玩耍的时候注意安全，从现在开始，当你有不满意的事情时，希望你能用语言表达出来。能和老师一起练习一下吗？”——正向提出具体的行动请求

（3）使用祈使句或问句形式（而不是命令）

例

“去买豆腐！”——可能听成要求

“你能帮我买豆腐吗？”——问句

（4）现在型。即使是将来要做出的行为，也应在当下寻求对方的同意，询问对方是否愿意做

例

"以后请遵守时间。"——未来的行为

"如果以后无法在约定的时间到，请你至少提前半小时告诉我，好吗？"——现在得到同意

3. 在集体中提出请求（聚会或开会时）

（1）在发表自己的意见或提议后，明确提出请求，希望收到哪位参会者的回应。(是谁、几位等)

例

- 我们来听听小哲和小英的发言。
- 任何想发言的人……
- 我们来听听三个人的观点。

（2）明确请求行动。(是谁、具体行为、按什么顺序等)

例

- 请每一位到场的人，告诉我来到这里的理由。

- 那就从我的右手边开始。
- 同意5点前结束本次会议的，请举手。

（3）提出的请求获得满足后，明确示意会议继续。

例

是的，我说完了/我没事了。

（4）尊重每个人的需要

例

- 不同意此提议的人，现在请举手。
- 如果定在下周三下午3点开会，有谁不能出席？

请求和要求的区别

• 非暴力沟通认为，一旦他人认为对我们的请求说“不”时会受到责罚，他们就会把我们的请求看作是命令。

• 真正的请求是，当对方对我们的请求说“不”时，要先了解和同理对方说“不”背后的需要，同时应继续寻找尽可能满足每个人需要的方法。

• 如果因恐惧、内疚、义务或奖励的诱惑而听从对方的请求，那么双方都将无法与对方建立优质的连接，会导致彼此失信而付出代价。

• 如果我们只提出请求，而不表达自己的感受和需要，对方可能会理解为这是命令。非暴力沟通认为，并非对方听从了我们的请求，才算是成功的沟通。

• 当我们被要求时，我们会因选择的自由未被尊重而抵触，结果通常是服从或反驳。

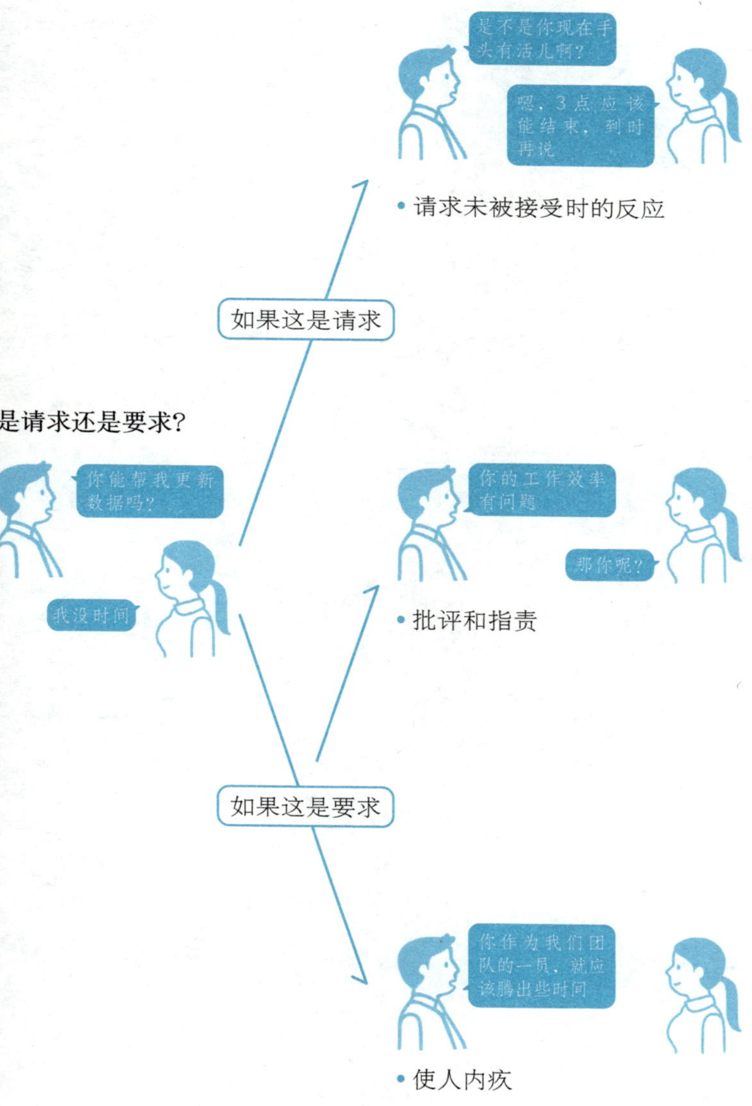
是请求还是要求?
你能帮我更新数据吗?
我没时间
如果这是请求
是不是你现在手头有活儿啊?
嗯，3点应该能结束，到时再说
• 请求未被接受时的反应
如果这是要求
你的工作效率有问题
那你呢?
• 批评和指责
你作为我们团队的一员，就应该腾出些时间
• 使人内疚

假如当初我懂[*]

假如当初我懂，
我会更认真地倾听自己内心的声音，
也会预知一毕业就要找工作。
多一些快乐，少一些忧愁。
算了，其实这也不用在意。
我将不再介意别人的目光，
感谢已拥有的活力和细嫩的皮肤。

我会懂得真正的美就是热爱生活。
多一些玩乐，少一些焦虑
我会懂得父母有多爱我，
相信他们在竭尽所能地爱我

我会不再计较结果，
好好享受“坠入爱河”的感觉
即使无果而终，

我仍然相信美好生活即将来临。

我不再害怕自己像个孩子，
我会变得更加勇敢。
我会欣赏身边每一个人并真诚地赞许他。

假如当初我懂，
我一定要学习舞蹈。
全然地接受我的身体发肤，
我会成为值得别人信任的人。

我会享受亲吻的感觉，并沉醉于此。
假如当初我懂，
我会更加懂得感激并体会幸福！

---

* 金伯利·柯伯格（Kimberly Kirberger）的诗，刘诗华翻译。译者已许可转载。

对 82 页的句子，做出自我请求

当向自己提出请求时，需要注意的是提出具体（时间、地点、与谁等）、正向的请求。

例

“我会更认真地倾听自己内心的声音。”

→“从现在开始，我会努力倾听自己的心声，去感受和寻找我现在真正向往的东西，我会认真对待它。我会考虑采取一些具体措施来满足这种请求。”

“我的身体和内心对我说，我需要。聆听心声，想一下能做些什么。哦，今天我会早点儿回家，在浴缸里放上热水，点上蜡烛，听轻音乐，让身体慢慢放松。”

在此诗句里，请找出被吸引的句子，并练习如何向自己提出具体的请求。

“……………………………………………………………………。”

自我请求

练习 07

下列句子是否提出了明确的请求，如果不是，请修改

1. 请你理解我吧。

2. 请告诉我，你最喜欢我做的哪件事情？

3. 我希望你能更自信些。

4. 不要再喝酒了。

5. 你能在开会前 5 分钟到吗？

6. 关于昨天的会议，我希望你说出真实的想法。

7. 希望你把车速调整到限速标准以下或者更慢些。

8. 我想更了解你。

9. 请尊重我的隐私。

10. 希望你能经常吃晚饭。

11. 请相信我。

在以下情况中，可能提出的请求是?

1. 这几天一想到我们之间的状况就很难过。希望我们能够彼此敞开心扉地说……

请求：

2. 当父母吵架时，我会感到害怕和恐惧。我希望我的家是一个和平、安全的地方……

请求：

13

同理（Empathy）

同理是指我们怀着一颗尊重的心，去理解对方所有的经历。

很多时候我们急于忠告、安慰、表达自己的立场或感受。

同理需要我们放下已有的想法和判断，

全心全意地倾听和体会对方的感受。

——马歇尔·卢森堡

同理：大约在 1970 年前后，西方人开始使用该词，此后因卡尔·罗杰斯的推广而流行起来。早在 2300 年前，中国的庄子就认为：

真正的同理是放空自己，全身心地倾听对方。

• 学会同理，关键是放下自己的想法和判断，形成一种全身心倾听他人的意愿（intention）。此意愿会与对方表达中蕴含的生命能量相连接，通过与对方话语背后的感受和需要相连接，就可以产生疗愈人心的力量。

• 活在当下（presence），总是发生在当下，同理总是在当下发生。讲述者在述说过去或未来的想法时，可以转变为叙述因那种想法引起的当下的感受，让对方回到当下。

• 无论对方用何种话语来表达，同理人都要把焦点（focus）对准对方所说内容背后的观察、感受、需要、请求等。这时我们要猜想对方内心真实的想法并进行询问，毕竟只有他本人才能确切地知道自己的感受和需要。即使我们猜得不准，只要传达给对方我们的意图是连接他的感受和需要，对方就可以更深入地寻找到自己的感受和需要。

- 当对方告诉我，造成他痛苦的责任在于我们时，一定要记得，这并非是在针对我（It's not about me!），而是他以自己的方式表达痛苦而已（未被满足的需要）。

- 在找到解决办法前，需要有足够的时间，让对方感觉到他已表达清楚并被我们所理解。对方得到足够的同理后，我们能感受到他的如释重负。为了再次确认，我们要询问对方是否还有其他想要说的话。

- 同理的对象可以是我们爱的人或家人、同事、邻居或者某一群体，也可以是我们讨厌的人。比起他人来说，自己才是更重要的同理对象（自我倾听）。

- 当我们不愿意同理他人时，也许是因为自己也需要得到同理；还可能是因为我们身心疲惫，无暇顾及。此时，最重要的是先照顾好自己。

- 即使知晓了对方的感受和需要，你也不一定要用语言表达出来，大多数情况下同理都是在无言的陪伴中完成的。

- 同理不意味着认同或接纳对方的语言、行为或想法。

魔术表演

——马歇尔·卢森堡

你曾冲过浪吗？

现在请想象自己踏上冲浪板等待大浪来袭。

好，请做好被那股能量卷入的准备。

瞧，它过来了

你现在是否已经与那股能量在一起了？

这就是同理

不用多说，与那股能量在一起就可以。

当我与他人内心真实的情感连接时，就会有类似冲浪的感觉。

过往的都无法再带来。

心理学知识学得越多，想做到同理倾听就越难。

对他人越是了解，就越是难以做到同理对方。

过去的经验或判断，会立刻让你从冲浪板上摔下来。

当然这不是说要否定过去。

过去的经验可能会引起你这一刻的感受。

但你现在到底是关注自己过去的经验，

还是关注对方当下感受到了什么、需要些什么？

如果为了取悦对方而预先想好要说些什么，

那么你就会“扑通！”（Boom！）从冲浪板上掉下来，

因为你已去向了未来。

同理需要你与当下的能量在一起，

不使用任何技巧，只是停留在当下。

如果你真正和这股能量相连接，会进入无我的状态。

我将这种状态称为看魔术表演。

这时候那神奇的能量将与我们融为一体。

这股能量拥有疗愈一切的力量，

能让我从“改变”一切的习惯性模式中解脱出来。

感受彼此交互的流动

请仔细阅读下列语句，语句之间留有一定的时间间隔，以便参与者可以跟上节奏。

1. 挪动身体，挺起背，放松地坐着。

2. 微闭双眼，把意识的焦点放在内心。

3. 把注意力放在呼吸上。

4. 现在开始把注意力放在吸气上。

5. 随着吸气要告诉自己，我正在接受着什么东西。

6. 吸气的时候告诉自己，是树木让空气变得清新。此时，体会一下自己是怎样的感受。

7. 想象有一棵树或者一片森林。呼吸着树木为我们净化的空气，把注意力放在那棵树或森林上。

请暂时停留在那里。

8. 现在开始把注意力放在呼气上。

9. 每次呼气的时候告诉自己，我是在给予，并体会感受。想象一下我在呼气的时候给那棵树营养。

10. 告诉自己，为了树木茁壮成长，我正在给它们必要的营养，同时与那些树待在一起。

11. 短暂地停留在这种感受中。

分享：在这个环节中，感受到的是……

同理倾听

观察对方：当你看到 / 听到 / 想到……………………时。

例

想到朋友慧珍听了别人对她说“我不在乎你的想法”时。

对方的感受：你的感受是……………………吗？

例

你难过吗？

对方的需要：因为你很看重……………………吗？

例

希望你自己的意见也能受到重视吗？

对方的请求：希望为你做……………………吗？

例

慧珍，咱们抽空聊聊好吗？

事例：朋友之间

小希：每次我和妈妈的谈话总会变成争吵，我已经厌倦了。

贞珠：你很难过吗？（感受）

小希：是的。

贞珠：你希望和妈妈的交谈能愉快些是吗？（需要）

小希：别说愉快了，连话都说不通。昨天我问妈妈一些事，然后她就开始唠叨。

贞珠：你希望妈妈也能听你的话，多理解你是吗？（需要）

小希：是啊，我也跟着生气了……

贞珠：哦，所以你后悔了？（感受）

小希：嗯，但我每天看到的和学到的就是这些，我也没办法啊。

贞珠：你不想跟妈妈一样，但这对你有点儿困难，是吗？（需要/感受）

小希：是的。你难道不会像我这样吗？

14

格劳克（GROK）

“格劳克”是一种有趣的卡片式沟通游戏，通过该游戏可以学习如何诚实地表达自己和同理他人。

感受和需要卡片：包含 55 张感受卡和 55 张需要卡，还包含 5 张空白感受卡和 5 张空白需要卡。空白卡可以用来表达感受卡和需要卡上没有的感受和需要。

格劳克可以供一人或多人游戏。下文将先介绍怎样使用感受卡和需要卡来玩“猜想感受和需要”的游戏。

“猜想感受和需要”的游戏

1. 先由一个人向他人分发感受卡和需要卡。

2. 分发卡片的人简要介绍自己经历过的冲突或喜事。此时，请勿判断、评价或贴标签，把实际情况坦诚地讲述出来，时间控制在 2 分钟左右。

3. 其他人猜想一下讲述者的感受，并从自己手中选出相应的感受卡。

(1) 每个人轮流询问讲述者：“你感到……吗？”然后把感受卡放在讲述者面前。如果轮到自己时没有符合的卡片，请说“通过”(pass)。整个环节可以轮转多圈，直至每个人都喊“通过”(pass)。

(2) 讲述者仔细听好。

(如果想缩短游戏时间，可以请讲述者自行选择感受卡)

4. 讲述者在他人提供的卡片中，选择与自己感受相符的 2~3 张，并把剩余的卡片收好。

5. 其他人开始查看自己手中的需要卡，猜想讲述者的需要并选出相应的一张卡片。

(1) 每个人轮流询问“你看重 / 需要 / 希望吗？”然后

在讲述者面前摆放一张需要卡。如果轮到自己时没有符合的卡片，请说“通过”（pass）。整个环节可以轮转多圈，直至每个人都喊“通过”（pass）。

(2) 讲述者要仔细听好。

(3) 讲述者在摆放的需要卡中，选择最能表达自己当时心声的 2~3 张卡片，并对此做出说明。

(4) 当然也可以对自己现在的经历进行分享。

6. 第二轮从下一个人开始，只要时间允许，每个人都轮流做。

---

* 注：GROK 是罗伯特·海因雷（Robert Heinlein）的空想科学小说《陌生地，他乡人》里火星人表达“喝”的意思。它意味着“全然接纳”“充分理解”或者“因同理达成一致”。

15

妨碍同理的 10 个障碍

我是一个失败者，一事无成。

（1）**忠告 / 建议 / 说教**

• 在那个年龄段，谁都会那么想。

• 那你可以看一下非暴力沟通方面的书，会有很大帮助。

（2）**分析 / 诊断 / 说明**

• 最近看你总那么想，有抑郁症初期的征兆。

• 这是因为你性格有些内向。

• 那是因为你属于 MBTI 的……………………性格类型。

（3）**更正**

• 失败者？说什么呢？你做成的事情挺多的……

• 我觉得你不应该这么想。

（4）**安慰**

• 哦，是吗？你是不是很难受啊？听着都难过，何况是当事人呢。

• 这世道就这样，不是你的错。

（5）**讲述自己的故事 / 附和**

• 我有时也这么想。

• 你也这么想啊？别提了，最近一事无成，想死的心都有了。

（6）**终止 / 转换情绪的流动**

• 别气馁，振作起来，换个角度想想。

• 说什么呢？这世上还有好多人不如你呢……

（7）**同情 / 怜惜**

• 事情怎么那么不顺啊，真是的。

• 出了这么大的事，你以后怎么办呢？

（8）**调查 / 审问**

• 从什么时候开始这么想的？

• 出什么事了？

（9）**评价 / 嘲笑**

• 你太软弱了，在这残酷的世界里怎么生存？

• 你从不听我的劝告，如今只会说那些话吗？

（10）**打断**

• 好了，吵死了，够了。

• 去喝一杯吧。

事例：同理倾听

朋友：我是一个失败者，我一事无成。

同理：最近过得艰难吧。（感受）

朋友：是的，太难了。

同理：你希望自己的事情顺利，同时感受到生活的乐趣和成就感，是吗？（需要）

朋友：是啊，当然。

练习 08

同理倾听（Empathic Listening）

生活在嘈杂的世界中，当我们看重的人需要得到同理时，反而会错过及时给予他们慰藉的机会。由于大多数倾诉者不懂得表达自己想要得到的同理，所以倾听就显得尤为重要。

请揣摩以下内容中对方的感受和需要（练习角色扮演）。

1. 回到家，家人之间都不怎么问候。（丈夫—妻子）

对方的感受：

对方的需要：

2. 我的人生除了洗碗和辅导孩子功课外，还需要一些东西。（朋友之间）

对方的感受：

对方的需要：

3. 我们公司最近正在裁员。（丈夫—妻子）

对方的感受：

对方的需要：

4. 我记忆力不好，什么都做不了。（婆婆—儿媳）

对方的感受：

对方的需要：

5. 你为什么总指责我的过错？（夫妻之间）

对方的感受：

对方的需要：

6. 你看完报纸总是乱扔啊？看的人和收拾的人，还需要这样分工吗？（夫妻之间）

对方的感受：

对方的需要：

7. 我觉得我们26年的婚姻一成不变。（妻子—丈夫）

对方的感受：

对方的需要：

8. 拜托你说话啊。你不说话，我感觉就像跟一堵墙生活在一起。（妻子—丈夫）

对方的感受：

对方的需要：

9. 妈妈，听写测试我实在得不了100分。（孩子—妈妈）

对方的感受：

对方的需要：

10. 经理总给我布置艰巨的任务，我太累了。（上司—员工）

对方的感受：

对方的需要：

11. 爸爸，早点儿回来。（孩子—爸爸）

对方的感受：

对方的需要：

12. 妈妈，今天在历史课上我因为回答不上来老师的提问而着急，班里很多同学都笑话我，仁秀（好朋友）也是其中之一。（孩子—妈妈）

对方的感受：

对方的需要：

一个温暖的人

每当我想起你，心就会变得格外温暖，
见到你，即便只见到你的脸庞，内心也会感到放松。
你有着神奇的力量，
为我的人生输送连绵的爱。
即使在等你，也是一种享受。

与你交谈总有千言万语想要诉说，
面面相视也好，
一起看电影也好，
一起喝杯咖啡足以让我感到幸福，
一起散步也让我感到舒服。

即使你我天各一方，也仿佛近在咫尺；
即使天天见面，也不会感到负担。
你给我以力量，
让我不再因那些无谓的担忧而焦虑。

多少次的畅谈，你总能让我会心而笑，
与你在一起是如此放松，共度的时光令人无比开心，
总让我忘记时间匆匆流逝。

你的温暖，
让我倾尽一生温暖你，
你的温暖，
让我实现心中的梦。
与你接触越多，就越感到温暖。

你为我的生活注入了一股清泉般恬淡纯净的暖流。

---

* 一首来自龙惠源的诗。作者已许可转载。

16

听到难听话时的四种选择（4 Ears）

人的内心是由自己主导的地方，
在这里，你可以把地狱变成天堂，
也可以把天堂变成地狱。

——弥尔顿《失乐园》第 1 篇

“你只有这点儿本事吗？”

（1）豺狗耳朵向内

完全接受了对方对自己的评论，导致自己受伤并自责，因此感到内疚、羞愧、抑郁等。

因太在意别人看待自己的眼光，心态会发生变化，要么为自己申辩、要么迎合对方的情绪，会形成被害意识，自尊感也会受到打击，因此很难形成真正的人际关系。

- 对例句的反应——

“我有问题”“我不够好”“都是我的错”。

（2）豺狗耳朵向外

认为对方说的话是在攻击自己，关注点在反驳和指责对方。

会感到愤怒，把自己的感受和发生状况的责任归咎于对方。

进行攻击和惩罚，让对方内疚或产生羞耻心，同时合理化自己的暴力行为。

• 对例句的反应——

“难道你就做得好啊？你又做好哪个了？”

所谓豺狗模式，是指我们头脑中已形成了概念或成见，而习惯性地做出的自动反应模式，它已成为我们大多数人的第二天性。豺狗模式导致我们把时间和精力都用在了自责和惩罚对方上面。

（3）**长颈鹿耳朵向内**

听到难听的话时，意识的关注点放在自己的感受和需要上。

通过自我同理，使自己与内心的正能量连接，从而保持内心平和。

• 对例句的反应——

内心：“听到那句话（观察），我有些不知所措，还有点儿伤心（感受），我已竭尽所能了，希望能够得到你的理解和认可，也需要你的支持。我还希望今后彼此能够更深入地了解，和谐共处。（需要）”

（4）长颈鹿耳朵向外

意识到对方的指责并非针对我，只是对方在表达自己的痛苦而已。同理时关注对方的感受和需要，可以通过同理进行沟通，建立人与人之间的良性纽带。

- 对例句的反应——

“哪里让你失望了？”（感受）

“你想要的是其他结果，是吗？”（需要）

所谓长颈鹿模式，是指我们用心去意识自己和他人的感受、需要，把时间和精力贡献在彼此的生活中，让彼此能够沟通连接，寻求满足双方需要的策略。用长颈鹿模式来反馈难听的话，可以创造出让彼此更深入地了解以及形成亲密关系的机会。无论遇到什么样的状况，我们都可以选择如何应对它。

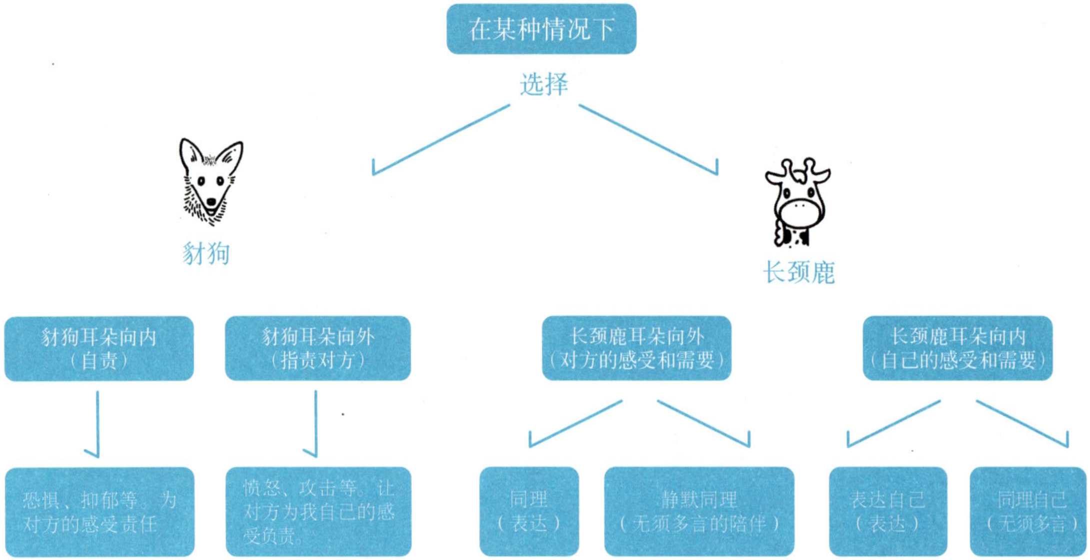

在某种情况下

选择

豺狗

长颈鹿

豺狗耳朵向内
（自责）

恐惧、抑郁等。为对方的感受责任

豺狗耳朵向外
（指责对方）

愤怒、攻击等。让对方为我自己的感受负责。

长颈鹿耳朵向外
（对方的感受和需要）

同理
（表达）

静默同理
（无须多言的陪伴）

长颈鹿耳朵向内
（自己的感受和需要）

表达自己
（表达）

同理自己
（无须多言）

练习 09

请练习下列例子，进一步熟悉四种听的方式。

1. 你什么时候结婚？（亲戚们聚在一起过节时）
2. 好啦。（本想跟孩子说明一下，但孩子却说）
3. 你穿的那个也叫衣服啊？
4. 好好待在家里。
5. 我们分手吧。
6. 重做一次。
7. 怪不得人家跟你离婚了。
8. 你减肥吧。
9. 先做作业吧。
10. 你真的很乖。
11. 不觉得自己有什么错，为什么要说对不起？
12.（周末）还不如去公司呢。

练习 10

听到难听的话时的四种选择（4 Ears）

- 写出你听过的一些难听的话

你的反应

1. 豺狗耳朵向内：请写出，完全接受了对方的评价及自责的话。

2. 豺狗耳朵向外：请写出，攻击对方的反驳、指责的话。

3. 长颈鹿耳朵向内：关注点放在自己的感受和需要上听到这句话时，你的感受：

你的需要：

4. 长颈鹿耳朵向外：意识到对方只是在表达自己的痛苦，并尝试体会对方的感受和需要。说此话时，对方的感受：

对方的需要：

17

感激（Gratitude）

在非暴力沟通理论中，表达感激不是为了得到，而是为了分享彼此的快乐。那种快乐源于庆祝我们具有为彼此的生活做出积极贡献的能力。以非暴力沟通的方式表达感激，不仅能让听的人深受感动，说的人也能体验到表达自己的喜悦。

无法自如表达感激的原因

- 我们常关注出现的问题，而没有关注好的方面。
- 当我们内心里有无法获得同理的痛苦和恐惧时，这些不好的情绪会淹没了感激之情。
- 由于感激和表扬常被用来鼓励人们提高生产效率和成绩，因此在付出和接受后，我们收获喜悦的那种美好渐渐消失。需要表达感激的人心里不舒服，是因为对对方的想法有疑虑。被感激的人会怀疑“我做的事真帮了他那么大的忙吗？”“他这么感激我用意何在？”“我能不能达到他的期待值？”因而自如地表达和接受感激变得很困难。

其实我们都渴望能听到由衷的感激

- 日常生活中，我们用一个眼神或微笑，就可以简单地表达感激之情，但如果用非暴力沟通的方式表达，更能充分地传递内心深处的感激之情。

- 形成一个每天都对碰到的人、家人、同事或一起学习的人表达感激的习惯，学会感恩生活中的点滴，是非常重要的。

- 学会感恩每一天，我们的生活就会从根本上改变。

事例

1. 仔细回想那些对你人生有重要影响的人，或是你需要特别感激的人。

是谁：母亲

(1) 写出具体生活中，她曾做过的一件事或说过的话。

在我生下第一个孩子又重新开始工作后，母亲到我家照看了孩子 3 年。

(2) 通过此人的行为或话语，满足了你的什么需要？

支持、关怀、照顾、安全、信任、自我实现、爱、归属感。

(3) 想到此时，你现在的感受如何？

感动、踏实、感恩、充满力量。

2. 找一个伙伴扮演此人的角色，用长颈鹿模式对他 / 她充分表达感激之情。

妈妈，在我生了英姬又重新上班时，您照看了她3年，因为孩子得到了很周全的照顾，我才能放心地追求自己的梦想。每次想到这些，我总是很感动，非常感谢您。

练习 11

表达感激（Gratitude）

1. 仔细回想那些对你人生有重要影响的人，或是你需要特别感激的人。（大约3分钟）

是谁：

(1) 具体写出他曾做过的一件事或说过的话。

(2) 通过此人的行为或话语，满足了你的什么需要？

(3) 想到这些时，你现在的感受如何？

2. 找一个扮演此人角色的伙伴，用长颈鹿模式对他/她充分表达感激之情。

可以把上面写的内容用语言表达出来，并提出连接的请求。

“听了我的表达，您有何感受？”

3. 倾听者需要做的事。

(1) 同理倾听对方表达感谢，并复述对方的感受和需要。

(2) 请听到感谢的人表达一下自己内心的感受和需要。

练习 12

对教室里的某人表达感谢

是谁：

1. 你想感谢的人曾说过的话或做过的行为。

2. 你想到这些过往时的感受是什么？

3. 你被满足的需要是什么？

4. 请求连接

练习 13

感谢自己

你感谢自己哪一方面（性格或气质）？

1. 你的性格或气质是通过什么具体行为或语言体

现出来的?

2. 从这些言行中，你被满足的需要是什么?

3. 当你想到自己的这些优点时，感觉如何?

4. 当你想到自己的这一面时，感觉如何？

学习非暴力沟通模式

这就像练习新技能，
即使犯错误、
在愤怒中迷失，
变得疏离、尴尬、
又回到从前的模式，
也都没有关系。
待自己宽容、
对自己体贴时，
可以获得最大的效果。

这一切证明我们是人。
相反，这个过程是个机会，
让我们学着善待自己、
享受乐趣、
保持幽默感、
激发好奇心
和拥有勇气。

Practicing the Model

Like practicing any new skill is
most effective
when we are generous
with ourselves,
and make it okay to:
make mistakes
be unclear
get lost in anger
feel awkward
revert to the old way

These are all inevitable signs
of our humanness
These can also be
opportunities to cultivates
a gentleness towards oneself
a sense of humor
a spirit of play
curiosity
courage

回想过去沟通困难时的状况

观察

感受

需要

请求

运用非暴力沟通的人

能区分那个人（Being）和
那个人的所做所为（Doing）。

他能区分想法和感受。

理解他人带有攻击性的话语和行为是
以悲剧性方式来表达
未被满足的需要。

会把自己的需要，
表达成请求而不是命令。

先确认对方是怎样理解自己说的话，
然后再询问对方的反应（感受和需要）。

附录

感受词汇表（Feelings List）

不是感受的词汇和其背后的需要

需要词汇表（Need List）

自如地运用非暴力沟通：日常用语

用生活中常用的语言表达需要

疏离生命的社会结构 V.S. 丰盛生命的共同体

歌曲与诗

非暴力沟通培训课程的主要内容

感受词汇表（Feelings List）

（此感受词汇表并不完整、可继续添加自己的感受词。）

需要得到满足时

感动、温馨、激动
陶醉、喜悦、充满欢喜
感激、感谢、快乐、愉快
高兴、幸福、心旷神怡
温暖、甜蜜、柔软
暖暖、深情、亲密
畅快、满意、满足
欣喜、轻松、踏实
欣慰、自在、放松
舒适、平静、放心、简单
安静、宁静、从容
精力充沛、喜出望外
有趣、充满活力

需要尚未得到满足时

担心、茫然、沮丧、忧虑
纠结、害怕、恐怖、可怕
不安、着急、紧张
焦虑、心神不宁、心烦意乱
困惑、为难、痛苦
尴尬、郁闷、沉重
忧伤、悲伤、伤感
凄凉、难过
遗憾、孤独、寂寞
忧郁、泄气、无精打采
疲惫、萎靡不振、昏昏欲睡
麻木、筋疲力尽、
绝望、失望、气馁、烦恼

需要得到满足时	需要尚未得到满足时
活生生、精力旺盛、精力充沛	苦恼、惊讶
自信、振奋	生气、愤怒
兴奋、乐观、兴高采烈	委屈、讨厌、惭愧、内疚

容易和感受混淆的非感受词

被强迫　被抛弃　被利用　被拒绝　被误会　被攻击

被威胁　被操控　被困住　被怀疑　被虐待　被孤立

被无视　被胁迫　被背叛　不被认可

感受词汇表（Feelings List）

（此感受词汇表并不完整、可继续添加自己的感受词。）

需要得到满足时	需要尚未得到满足时

需要得到满足时	需要尚未得到满足时

不是感受的词汇和其背后的需要

如同下表的词语一样，我们通常认为是感受的词语，其实是在表达对他人不满的想法，而未表达出自己真实的感受。比如，“被某人无视了”“被某人利用了”“被某人背叛了”等。这些语言其实并不是我们所谓的感受，而是我们对他人行为的一种理解。听到此类话后，对方会理解为我们是在批评，因而会为自己辩护或情绪变得低落，甚至反击。当我说“我觉得被你无视了”时，对方可能会说“我没有无视你，只是……”当对方想要为自己辩护时会说：“我什么时候无视你了？”同时可能还会进行反击。这时我的感受应该会是“难过”或“不舒服”。

我们不应该使用夹杂着想法的词汇来表达自己的情绪，而应该使用感受词汇。然后探寻彼此表达背后的需要（Need），这样才能使沟通变得顺畅，也有助于心与心的连接。

想法	可猜想的感受	需要
被抛弃	恐惧、心痛、混乱、悲伤、孤独	连接、归属感、信任、支持、帮助
被虐待	沮丧、意志消沉、可怕	关怀、支持、身心健康、温暖
不被认可	不愉快、伤心、孤独	包容、赞赏、良性纽带、共同体、同等的尊重
被攻击	恐惧、愤怒、不安、害怕	安全
被背叛	愤怒、伤心、失望	信任、可依靠、正直、明确
被指责	恐惧、混乱、矛盾、伤心	责任、公平、正义、接纳、理解
被孤立	生气、恐惧、孤独、害怕	安全、关怀、尊重、归属感、接纳
被束缚	恐惧、害怕	自主、选择、自由

（续表）

想法	可猜想的感受	需要
被欺骗	愤怒、伤心、不安、失望	诚实、公平、正义、信任
被强迫	愤怒、生气、害怕、不舒服	选择、自主、自由
被孤立	愤怒、恐惧、担心	自主、自由
被讨厌	难过、孤独、伤心	良性纽带、感谢、理解、认可、友谊、接纳
被怀疑	难过、绝望、失望	信任、诚实
被无视	孤独、害怕、难过、羞愧、遗憾	包容、良性纽带、归属、接纳、共同体、参与
被侮辱	惊慌、羞愧	尊重、关怀、感谢、认可
被妨碍	愤怒、生气	尊重、倾听、关怀

（续表）

想法	可猜想的感受	需要
被威胁	不安、恐惧、担心	安全、公平、自信
被误会	不舒服、愤怒、伤心	理解、明确性
被控制	愤怒、无助、混乱	公平、正义、自主、自由
被剥削	愤怒、疲倦、沮丧	尊重、关怀、休息、照顾
被溺爱	生气、厌烦、无力	认可、公平、尊重、相互性
受刺激	愤怒、生气	尊重、关怀
被压抑	愤怒、难过、郁闷	尊重、认可、理解
被拒绝	失望、伤心、害怕	归属感、包容、亲密、认可、良性纽带

（续表）

想法	可猜想的感受	需要
被冤枉	不安、生气、愤怒、失望	关怀、公平、正义、认可、信任
感到窒息	绝望、恐惧、急切	从容、自由、自主、真诚、自我表达
理所当然	伤心、愤怒、失望	感谢、认可、关怀
被威胁	害怕、恐惧、可怕、受惊、兴奋	安全、自主
被践踏、任人宰割	愤怒、沮丧	自信、良性纽带、共同体、关怀、尊重、认可
被怀疑	伤心、无力	信任
未被认可	失望、愤怒、伤心	感谢、尊重、认同、关怀
未被爱	伤心、绝望、孤独	关怀、公平、正义、认可、信任

（续表）

想法	可猜想的感受	需要
未被支持	泄气、失望、难过、伤心	感谢、理解
被利用	不安、担心、难过、愤怒	自主、公平、关怀、相互性
被侵犯	难过、混乱、不安	隐私、安全、信任、从容、尊重
被不公正对待	愤怒、生气	尊重、正义、信任、安全、公平

需要词汇表（Feelings List）

（此感受词汇表并不完整、可继续添加自己的感受词。）

自主性

- 选择自己的梦想、目标、价值观的自由
- 选择实现自己的梦想、目标、价值观、方法的自由

身体 / 生存

- 空气、食物、水、住所、休息、睡眠、安全、身体的接触（触摸）
- 性的展现、温暖、柔和、舒适、照顾、保护、依存关系的形成、自由地移动、运动

社会性 / 情感 / 相互依存

- 给予、服务生命、亲密关系、联系、沟通、连接、体贴（关怀）、尊重、相互依存
- 倾听、理解、接纳、支持、合作、帮助、感谢、认可、欣赏、爱、爱情、关心、友情、喜好、友谊
- 亲近、分享、归属感、共同体、放心、慰藉、信任、信心、可预测性、情绪安定、自我保护、一致性、安全感

游戏 / 乐趣

- 乐趣、趣味、有趣、欢笑

人生的意义

- 贡献、能力、挑战、清晰明确
- 觉察、成就、意义
- 人生礼赞（庆祝、哀悼）
- 纪念、觉悟、刺激、效率、希望、有主见（自己的见解或思想）、备受关注、参与、恢复、热情

真实性

- 正直、诚实、真诚、存在感
- 一致、个性、自我尊重、理想、梦想

美好 / 和平

- 美好、平和、轻松、从容、平等、和谐、秩序和平、心灵相通、灵性

自我实现

- 成就、学习、生产、成长
- 创造、治愈、熟练、专业
- 目标、指导、自觉、自我表达
- 自信、自我信赖

自如地运用非暴力沟通：日常用语

刚接触非暴力沟通（NVC）时间不长的人，经常会很生硬地使用非暴力沟通。初学非暴力沟通时，按此模式练习对沟通很有帮助。这就像是在学习乐器时，先学习音阶一样。当我们学会将感受与需要的能量连接时，就能做到不再生搬硬套非暴力沟通模式，而是自如地表达自己。

表达需要的常用句式

- 因为我看重（一致性）
- 因为（美好的事物）让我鲜活
- 因为我比较推崇做人要有（自律性）
- 因为我需要（沟通）
- 因为我比较向往（能在一个有共同梦想的集体里）
- 因为我觉得（学习）很有趣
- 因为对我来说（能参与进来）很有意义
- 我希望（能够把情绪稳定下来）

- 因为我比较注重（自我表达）
- 因为我想生活在一个（充满关爱和尊重）的世界里
- 因为我有一个梦想/愿景，希望（世界上所有的冲突都能和平解决）
- 因为我需要（被接纳、被认可）

用生活中常用的语言表达需要

爱（AFFECTION）

想感受一下温暖的心，是吗？

认可（APPRECIATION）

你是想让我知道你所做的事情有多重要吗？

真诚（AUTOENTICITY）

你希望自己能言由衷、行随心，是吗？

自主（AUTONOMY）

你想选择你真正想要的，是吗？

庆祝（CELEBRATION）

你想表达你内心有多高兴，是吗？

友谊（COMPANIONSHIP）

你想一起做吗？

能力（COMPETENCE）

你确认自己可以做到，是吗？

一致性（CONSISTENCY）

你需要确认每次是否都能以同样的方式进行，是吗？

贡献（CONTRIBUTION）

你想提供帮助 / 分享，是吗？

合作（COOPERATION）

大家都想作为一个团队共事，是吗？

创造力（CREAFIVITY）

你想创新，是吗？

效率（EFFECTIVENESS）

你想感受一下成功的喜悦，是吗？

平等（EQUALITY）

你希望所有人都能平等，是吗？

自由（FREEDOM）

你希望由自己来做决定，是吗？

真诚（HONESTY）

你希望你所听到的都是真的，是吗？

认同身份（IDENTITY）

你想知道自己真正想要的是什么，是吗？

归属感（INCLUSION）

你想成为一名参与者，是吗？

哀悼（MOURNING）

你想表达心有多痛，是吗？

相互性（MUTUALITY）

你希望互相分享同样的想法和信念，是吗？

秩序（ORDER）

你想了解身边发生的事情，是吗？

参与（PARTICIPATION）

你想参与进来，是吗？

和平（PEACE）

你想放松一下，是吗？

目的（PURPOSE）

你想做一些重要而有意义的事情，是吗？

从容（RECREATION）

你想过一段没有任何日程安排的日子，是吗？

安全（SECURITY）

你想确认你不会有事，是吗？

刺激（STIMULATION）

你想寻找新颖有趣的事，是吗？

疏离生命的社会结构 V. S. 丰盛生命的共同体

	疏离生命的社会结构	丰盛生命的共同体
游戏	谁对/谁错 WHO'S RIGHT WHO'S WRONG	让生活变得美好 TO MAKE LIFE WONDERFUL
目标	认为不平等的分配是理所当然的，并维持现有体制	同时考虑到每个人的需要，创建一个丰盛生命的结构
评价方法	• 道德判断（对/错，二分法的思考方式） • 贴标签，指责（是你做错了，所以你必须）	价值判断是否有助于每个人的生活
使用力量	为了惩罚	为了保护

（续表）

	疏离生命的社会结构	丰盛生命的共同体
动机和策略 / 方法	• 惩罚或补偿 • 内疚 • 羞耻心 • 责任感	由衷给予的快乐 由衷接受的快乐
安全	暴力、冷落、关系破裂	连接、同理、尊重、接纳、创意
结果	暴力和冷落	贡献生命的共同体

歌曲与诗

论孩子

——纪·哈·纪伯伦

你们的孩子，都不是你们的孩子
乃是生命为自己所渴望的儿女。
他们是借你们而来，却不是从你们而来
他们虽和你们同在，却不属于你们。
你们可以给他们爱，却不可以给他们思想。
因为他们有自己的思想。
你们可以荫庇他们的身体，却不能荫蔽他
们的灵魂。
因为他们的灵魂，是住在明日的宅中，
那是你们在梦中也不能想见的。
你们可以努力去模仿他们，
却不能使他们来像你们。

因为生命是不倒行的，
也不与昨日一同停留，
也不会停留在昨天。

我觉得你很棒

——瑞德·格拉默

“我觉得你很棒。”
当有人这样对我说时，
我会很高兴，会心情激荡。
这也让我想对别人说同样的话，
嘿，我也正想对你说：
“我觉得你很棒！”

如果我们诚心地说出这样的话，
每天都能看到他人的美好，
我们每次都能用一颗心托起整个世界。
这一切都从一句简单的话语开始。

***

当我们每个人的内心都更看重
爱和给予，为我们还活着而感到幸福时，

噢，我们的世界每天都会有新的变化，

只要有人决定说这话。

***

嘿，我也正想对你说“我觉得你很棒”。

I think you are wonderful

—Red Grammar

***

I think you are wonderful,

When somebody says that to me

I feel wonderful, as wonderful can be

It makes me wanna say the same thing to somebody new

And by the way I've been meaning to say

I think you're wonderful, too.

If we practice this phrase in the most honest way

And find something special in someone each day

We'll lift up the world one heart at a time

It all starts by saying this one simple line

***

When each one of us feels important inside

Loving and giving and glad we're alive

Oh what a difference we'll make in each day

And all because someone decided to say...

***

And by the way I've been meaning to say,

I think you're wonderful, too.

请看到我的美好

——瑞德·格拉默

请看到我的美好，
找寻我美好的地方，
那是真正的我，
也是我想成为的样子。
或许会花一点时间，
或许不容易觅得，
但还是请你看到我的美好。

请看到我的美好，
每一天都尝试一下，
找寻那个方法，
在我做的每一件事情里，
请看到我的闪光点，
请看到我的美好。

See me beautiful

— Red Grammar

See me beautiful
Look for the best in me
It's what I really am
And all I wanna be
It may take some time
It may be hard to find
But see me beautiful

See me beautiful
Each and everyday
Could you take a chance
Could you find a way
To see me shining through
In everything I do and
See me beautiful

有一个地方

——怀尔德·卢西斯

有一个地方你随时都可以去，
跟我一起去吧。
在这个地方，
你可以自由表达自己的感受，
跟我一起去吧。

多么愉悦的旅程，
它并不遥远。
我们可以携手同行，
你只需留在原地。
是时候开始我们的旅程了，
其实那个地方就在你的心里。

有一个地方，
可以让你做自己，

跟我来吧。

在这里，你的灵魂将获得自由，

跟我来吧。

要知道那个地方就在不远处，

静静地等你。

无须预订，

我们今天就可以出发。

是时候开始我们的旅程了，

其实那个地方就在你的心里。

阳光穿透每一扇窗，

每扇门都完全敞开，

每个问题都有答案，

你只需要往里看。

有一个地方，
可以让你放下悲伤，
跟我来吧。
它是希望与真理的源泉，
跟我来吧。

多么愉悦的旅程，
它并不遥远，
我们可以携手同行。
你只需留在原地，
是时候开始我们的旅程了，
其实那个地方就在你的心里。

是时候开始我们的旅程了，

其实那个地方就在你的心里。

There is a place

—Wild Roses

There is a place
Where you can always go, come with me
Where it's alright
To let your feelings show, come with me

What a pleasant journey, isn't very far
We can go together, stay right where you are
And now it's time to start
It's right here in your heart

There is a place
Where you can be yourself, come with me
And it's a place,
Where you can free yourself, come with me

And you know it's waiting, not so far away
Need no reservation, we can go today
And now it's time to start
It's right here in your heart

And the light shines through each window
And the door is open wide
And each question has an answer
If you only look inside

There is a place
Where every sorrow ends, come with me
Where every hope and every truth begins, come with me

What a pleasant journey, isn't very far

We can go together, stay right where you are

And now it's time to start

It's right here in your heart

And now it's time to start,

It's right here in your heart

邀　请*

我不关心，你为生存做了些什么，
我想知道，你憧憬什么，
是否敢于追求内心的梦想。

我不关心，你的年龄有多大，
我想知道，为了爱、梦想以及活着就该有的冒险，
你是否愿意像傻瓜一样不顾一切。

我不关心，是哪颗行星围绕着你的星辰，
我想知道，你是否曾走入悲伤的境地，
生活的种种背叛，
使你更加坚强，还是愈发消沉。

我想知道，你是否能面对痛苦，无论是我的还是你的，
不再去隐藏、涂抹或修饰。

我想知道，你是否学会享受快乐，无论是我的还是你的，
你是否能充满野性地舞蹈，让你的举手投足洋溢着喜悦，
不再告诫我们要小心、要现实、要牢记做人的禁忌。

我不关心，你告诉我的故事是否真实，
我想知道，你是否能真实地对待自己，即使会让他人失望，
你是否能承受背叛的指责，而不出卖自己的灵魂。
我想知道，你是否能放下执念而收获信赖。

我想知道，你是否能发现美，
即使它并非每天都漂亮，
你是否能从中探寻到自己生命的源头。

我想知道，你是否能坚强地面对失败，
无论是你的还是我的，
都可以站立在湖边对着银色的满月放声大喊：
“是的，那又能怎样！”

我不关心，你在哪里生活或者你拥有多少金钱，
我想知道，在度过一个悲伤、绝望、厌世和痛彻心扉的夜晚后，
你是否还能爬起来，为养育孩子继续做你该做的事。

我不关心，你是谁、是怎么来到这里，
我想知道，你是否愿同我一起站在烈焰的中心，毫不退缩。

我不关心，你在哪里受到教育、学了什么或者同谁一起学习，

我想知道，当一切都背弃了你，是什么支撑你继续前行。

我想知道，你是否能面对孤独，

你是否真正喜欢上那些在你寂寞时陪伴你的朋友。

* 作者Oriah Mountain Dreamer写的诗。韩国NVC中心取得作者同意翻译转载。

The invitation

It doesn't interest me what you do for a living.
I want to know what you ache for,
and if you dare to dream of meeting your heart's longing.

It doesn't interest me how old you are.
I want to know if you will risk looking like a fool for love,
for your dream, for the adventure of being alive.

It doesn't interest me what planets are squaring your moon...
I want to know if you have touched the centre of your own sorrow,
if you have been opened by life's betrayals
or have become shriveled and closed from fear of further pain!

I want to know if you can sit with pain, mine or your own,
Without moving to hide it or fade it, or fix it.

I want to know if you can be with joy, mine or your own,
if you can dance with wildness
and let the ecstasy fill you to the tips of your fingers
and toes without cautioning us to be careful,
to be realistic, to remember the limitations of being human.

It doesn't interest me if the story you are telling me is true.
I want to know if you can disappoint another to be true to yourself;
If you can bear the accusation of betrayal and not betray your own soul;
If you can be faithless and therefore trustworthy.

I want to know if you can see beauty even when it is not pretty, every day,
and if you can source your own life from its presence.
I want to know if you can live with failure, yours and mine,

and still stand at the edge of the lake
and shout to the silver of the full moon, "Yes!"

It doesn't interest me to know where you live or how much money you have.
I want to know if you can get up,
after the night of grief and despair, weary and bruised to the bone,
and do what needs to be done to feed the children.
It doesn't interest me who you know or how you came to be here.
I want to know if you will stand in the centre of the fire with me
and not shrink back.

It doesn't interest me where or what or with whom you have studied.
I want to know what sustains you, from the inside,
when all else falls away.

I want to know if you can be alone with yourself

and if you truly like the company you keep in the empty moments.

获 赠

——鲁思·贝本梅尔

你取之于我，
是我得到的最好的礼物，
当你知道我因施于你
而快乐。
你明白，我的给予不是
让你亏欠于我，
而是因为我想活出对你的爱。
欣然地接受，
或许是最佳的赏赐。
我无法将二者
分开。
当你施与我
我给你我的接纳。
当你取之于我，
我感激你的赐予。

（摘自阮胤华译《非暴力沟通》）

Given To

— Ruth Bebermeyer

I never feel more given to than
when you take from me
When you understand the joy I feel
giving to you
And you know my giving isn't done
to put you in my debt
But because I want to live the love
I feel for you.
To receive with grace
may be the greatest giving
There's no way I can separate
the two.
When you give to me,
I give you my receiving.
And when you take from me, I feel so
given to.

非暴力沟通培训课程的主要内容

《非暴力沟通》初级	非暴力沟通基本模式（观察、感受、需要、请求） 诚实地表达自己（Expressing Honestly） 同理（Empathy） 四种选择（4 Ears） 感激（Gratitude）
《非暴力沟通》中级	自我同理 正确表达愤怒（Anger） NVC 地板舞（Dance Floor） 同理（Empathy） 如何倾听“不”（“No”） 内在的需要转换为选择 感激（最想听到的感激话语）
《非暴力沟通》高级	四个维度 如何倾听认可 基于需要提出请求 表达内心的恐惧（Scary Honesty） 从控制关系（Power over/under）到合作关系（Power with） 非暴力沟通咨询 非暴力沟通冲突调解

《非暴力沟通》专题	用非暴力沟通思维生活，强化非暴力沟通在生活中的实践和应用
培训师资格认证	提供更深入地体验、了解非暴力沟通认证培训师的流程

* 以上培训课程会根据实际情况而进行调整。

国际非暴力沟通中心 CNVC，(Center for Nonviolent Communication)

1984 年，马歇尔・卢森堡创立了国际非暴力沟通中心，旨在帮助人们学习和分享非暴力沟通（NVC），倡导以和平有效的方式处理沟通问题，帮助解决各种组织和政治环境中出现的冲突。国际非暴力沟通中心尊重每个人的需要，致力建立一个充满包容与理解、乐善好施、用非暴力沟通来化解冲突的世界。国际非暴力沟通中心是培训师认证机构，从事国际强化训练营（IIT）、非暴力沟通培训和非暴力沟通推广和传播等活动。目前，该中心已培养了 300 多名国际认证培训师，他们活跃于全球七十多个国家。国际非暴力沟通中心官方网址是 www.cnvc.org。

反馈非暴力沟通培训调查问卷(Feedback)

课程主题：________ 授课日期：________

讲师姓名：________ 地　　点：________

该问卷有助于我们收集学员们的学习情况，便于我们日后提供更好的培训内容。

	不是				是
在此次培训中，我学到了将非暴力沟通应用于生活的方法。	1	2	3	4	5
讲师做到了倾囊相授，并示范了非暴力沟通模式。	1	2	3	4	5
讲师的讲解清晰易懂。	1	2	3	4	5
在培训期间，我感到很舒服并与大家建立了连接。	1	2	3	4	5
培训教材将为我理解非暴力沟通模式提供参考。	1	2	3	4	5
授课环境（教室和其他设施）有助于接受培训。	1	2	3	4	5

通过此次培训，您学到了什么（具体的观察，满足的需要）？

对改进培训内容，您有什么好的建议（具体观察，未满足的需要）？

图书在版编目（CIP）数据

非暴力沟通教程 . 初级 / (韩) 凯瑟琳 · 辛格著 ; 玄爱善译 . -- 北京 : 中国青年出版社 , 2020.8
ISBN 978-7-5153-6137-6
I. ①非… II. ①凯… ②玄… III. ①心理交往－教材 IV. ① C912.11
中国版本图书馆 CIP 数据核字 (2020) 第 142872 号

北京市版权局著作权登记号：01-2020-5281

非暴力沟通教程 · 初级

作　　者：[韩] 凯瑟琳 · 辛格
译　　者：玄爱善
审　　订：刘　轶
责任编辑：吕　娜

出版发行：中国青年出版社
经　　销：新华书店
印　　刷：三河市万龙印装有限公司
开　　本：787×1092 1/32 开
版　　次：2021 年 1 月北京第 1 版　2021 年 1 月河北第 1 次印刷
印　　张：7.75
字　　数：180 千字
定　　价：69.00 元
中国青年出版社 网址：www.cyp.com.cn
地址：北京市东城区东四 12 条 21 号
电话：010-65050585

作者介绍

[韩] **凯瑟琳·辛格**

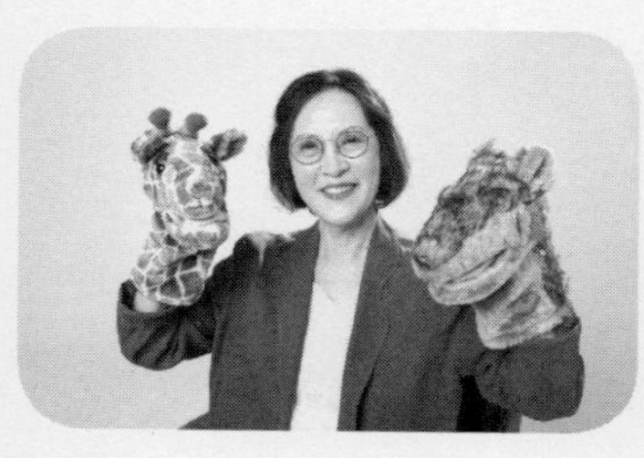

- 国际非暴力沟通董事会主席
- 国际非暴力沟通首席讲师

凯瑟琳·辛格是马歇尔·卢森堡博士的得意门生，1970年移居美国，1997年开始追随卢森堡博士，深受其信赖，逐渐成为非暴力沟通的著名讲师，在世界各地向国际组织、非营利组织、企业、个人等宣讲非暴力沟通的方式与方法、技巧与理念。其中，许多国际组织包括联合国教科文组织、儿童救助机构等，非营利组织包括韩国赌博问题解决中心、韩国家庭问题法律援助中心，企业包括欧莱雅、日产、三星等。

非暴力沟通强调思考、互相尊重，为家庭、社区、单位以及不同族群之间带来和谐与和平。

关于本书

非暴力沟通（NVC）创始人马歇尔·卢森堡的得意门生，全球非暴力沟通中心（CNVC）董事会主席、首席讲师、认证评估师凯瑟琳·辛格女士集几十年经验大成，为亚洲学习者量身打造的专业教程！

作者追随马歇尔·卢森堡博士学习、践行非暴力沟通多年，具有深厚的理论和丰富的个人体验，结合自己在世界各地教授和传播非暴力沟通的教学实践和思考，升华并内化为自己独具一格的对于非暴力沟通的理解、观点和主张！

• 两大核心、四大要素精细拆解，50+场景实例与关键练习，附录日用工具箱，专为透彻理解与落地转化而设计，帮你牢固掌握非暴力沟通的核心知识点。

• 适合团体或个人学习非暴力沟通的必备配套教材！